www.angenehme-vorstellung.de

Bibliographische Information Der Deutschen Bibliothek: Die Deutsche Bibliothek verzeichnet diese Publikation in der Deutschen Nationalbibliographie; detaillierte bibliographische Daten sind über http://dnb.ddb.de abrufbar.

ISBN 978-3743127722

Herstellung und Verlag: Books on Demand GmbH, Norderstedt

Gestaltung und Satz:
Saskia Funke
www.sakisafu.de

Fotos: Alle Bilder © Fotolia

Die Verwendung der Texte und Bilder, auch auszugsweise, ist ohne Zustimmung der Autoren urheberrechtswidrig und strafbar. Dies gilt auch für Vervielfältigungen, Übersetzungen, Mikroverfilmung und für die Verarbeitung mit elektronischen Systemen.

Copyright © 2019 Barbara Schilling (2. Auflage)

Grundlagen des
ONLINE-MARKETING

Barbara Schilling

Inhalt

**ONLINE-MARKETING –
DER BEZUG ZUR KOMMUNIKATIONSPOLITIK**　　S. 6

LANDINGPAGEAUFBAU　　S. 10

ONLINE-MARKETING – DER VERTRIEB　　S. 14

WEBSEITE　　S. 18
　· Was ist eigentlich eine Landingpage?
　　Wo ist der Unterschied zur Webseite?　　S. 22

E-MAIL-MARKETING – SEGMENTIERUNG – WARUM?　　S. 26

GESCHICHTEN BRAUCHEN HELDEN – STORYTELLING　　S. 30

ERFOLGREICHES SEO? WIE GEHT DAS?　　S. 34
　· Google AdWords　　S. 38
　· Google AdSense　　S. 39

DISPLAY-MARKETING　　S. 42
　· Abrechnungsmodelle　　S. 44

E-MAIL-MARKETING –	
AUFBAU MAILING	S. 48
MARKETING IM SOCIAL MEDIA-BEREICH	S. 54
· Facebook	S. 61
· Twitter	S. 62
AFFILIATE-MARKETING	S. 72
VIDEOMARKETING	S. 74
MOBILE MARKETING	S. 76
COUPONING	S. 78
FIRMENZIELE	S. 80
ONLINE IST NICHT ALLES –	
EINZELHÄNDLER UND ONLINE-WERBUNG?	S. 82
INBOUND-MARKETING	S. 86

Online-Marketing – der Bezug zur Kommunikationspolitik

Online-Marketing (auch Internet-Marketing oder Web-Marketing) bezeichnet das Agieren über Onlinemedien. Die Kommunikationspolitik ist hier das A und O.

Zur Neukundengewinnung und zur Festigung bestehender Kundenbindungen ist es insofern wichtig, dass die Kommunikation über die Webseite, Banner oder Social Media meist direkter und mitunter effizienter erfolgt als über die Methoden der klassischen Werbung. Aspekte des Internet-Marketings:

- Firmenwebseite
- Display-Marketing (Bannerwerbung)
- Suchmaschinenmarketing
- E-Mail-Marketing
- Affiliate-Marketing
- Videomarketing u. v. a.

VORTEILE
Die Werbemittel werden schnell und recht preiswert aktualisiert, Kampagnen (auch im Zusammenspiel mit der klassischen Werbung) werden an Trends und Kundenwünsche angepasst. Ein Webbanner ist leicht und einfach zu erneuern, eine Anzeige – einmal gedruckt – nicht mehr, sie ist unveränderbar.

Online-Marketing wird genauso von großen wie kleinen und mittelständischen Firmen eingesetzt.

Selbst geringes Budget kann – auch über Influencer-Marketing und Split-Testing (verschiedene Farben, Wörter, Videos etc. werden auf Klickverhalten getestet) – gute Ergebnisse erzielen. Der virale Effekt ist hier auschlaggebend.

Zudem gibt es die Möglichkeit der Kontrolle, der Nachvollziehbarkeit der Werbewirkung wie in keinem anderen Medium: Werbeerfolgskontrolle ist hier das Stichwort.

Quasi jeder Klick wird dokumentiert, analysiert und ausgewertet. Im Internet sind die Möglichkeiten beinahe unbegrenzt. Tools verraten User-Herkunft, -Verhalten, Verweildauer und so weiter.

Alle Maßnahmen sollten responsive sein.
Responsive Design ist deshalb so wichtig, da immer mehr Menschen über mobile Endgeräte (Handys, Tablets, PDAs, etc.) ins Internet gehen. Das heißt, die Webseiten müssen dem angepasst sein und sowohl auf dem heimischen Rechner als eben auch unterwegs funktionieren und adäquat angezeigt werden.

Über genaue Userdaten können Streuverluste minimiert werden. Die Kehrseite der Medaille: So schnell der User da ist, ist er aber auch wieder weg. User verschwinden wieder mit nur einem Mausklick.

Darum ist eine eigene Werbeansprache so sinnvoll; der User muss angesprochen, entertained, informiert, abgeholt werden.

Headlines, Boxes, Social proofs und Call-to-actions sind die Module, die jeder Onliner kennen sollte.

Landingpageaufbau

Eine klassische Landingpage beinhaltet drei Dinge:
- eine klare Struktur
- ein vorrangiges Ziel
- einen Call-to-action Bereich

Verkauft jemand niedrig-preisige Produkte (low-price Segment), die quasi selbsterklärend sind, benötigt man nicht unbedingt eine ausgefeilte Landingpage, auf die die Interessenten verwiesen werden, eine einfache Präsenz mit den wichtigsten Information genügt häufig schon: eine professionelle Seite mit dem passenden Wording, Produktnamen und Ansprachen sind äußerst wichtig(!), ein kurzer USP-Hinweis - was hat der Käufer von dem Produkt? - und ein Call-to-action Button über dem Scroll-Bereich; sprich dieser Button sollte kommen, bevor der User die Seite scrollen muss. Also im gut sichtbaren Bereich.

Ist das Produkt allerdings erklärungsbedürftiger, ist der Preis im dreistelligen Bereich oder höher angesiedelt, macht es Sinn, die Seite nach dem gängigen Schema anzulegen:

- **Headline** (Kurz und prägnant, mit Aufforderungscharakter, auf Wortspiele und ähnliches ist zu verzichten - hier sollte gleich stehen, warum der User weiterlesen sollte.) Denn hier zollt der User der Seite noch 100 % Aufmerksamkeit.

- **Subline** - Die darunter stehende Zeile sollte die obere stützen. Nicht erklären oder großartig ergänzen.

- Es folgt das Eigentliche, sprich die **Box**, zum Beispiel ein Video, das im Fokus stehen soll.

- Darunter werden die **Benefits** aufgezählt. Was genau ist das Besondere daran, der Mehrwert? Warum sollte der User das tun? (Sich eintragen beim Opt-In (Freebie gegen Produkt), kaufen, etc.)

- Als nächstes folgt, auch aus struktur-ästhetischen Gründen eine **Zwischenüberschrift**, die den USP (Unique Selling proposition = einzigartiger Verkaufsvorteil) noch einmal aus einer anderen Perspektive zeigt. Auch hier gilt: Knapp, aber treffend!

- Nun kommen die **Features** - was sind die eigentlichen Bestandteile dessen, was angeboten wird? Wie unterteilt sich das Produkt? Was kann es alles?

↓

- Ein darauf folgendes **Testimonial** (Social Proof, ein zufriedener Kunde als „Beweis") schafft Vertrauen und bestätigt das Geschriebene auf emotionaler Ebene (Ein Kunde gibt dem anderen einen Tipp.)

↓

- Als letztes folgt der **Call-to-action Button**. Das Herzstück der Seite, das, worauf alles andere vorbereitet hat:
Der User soll handeln: E-Mail freigeben / Feedback geben/ kaufen. Das muss ihm gesagt werden - und zwar möglichst deutlich. Dann erhöht sich in der Regel deutlich die Quote.

ZUSATZTIPP
Der Call-to-action Button sollte so konkret wie möglich sein.

osite CONTENT
owser LAYO
DOMAIN
EDIA communica
HOMEPA
d wide web SEO
HTML ONLINE design
software CM

Online-Marketing – der Vertrieb

Online-Marketing platziert gezielt Produkte – nicht anders als im realen Ladengeschäft, doch die Parameter sind hier andere: Nichts geht mehr ohne Suchmaschinen. Diese, Businessportale und Social Media Plattformen sind die wichtigsten Stellen, wo ein Online-Business heute präsent sein muss. Spezielle Zielgruppen nutzen spezielle Gruppen oder Foren.

Nichtsdestotrotz haben Konzepte wie „AIDA" (1. Attention, 2. Interest, 3. Desire, 4. Action) nichts von ihrer Funktion eingebüßt und werden häufig als Grundlage genommen.

Wurde das Interesse des Kunden geweckt, muss zum Kaufabschluss hingeführt werden. Und zwar möglichst gezielt, ohne verstörend zu wirken.

Der Königsweg: der Online-Shop.
Online-Verkauf kann den gesamten Prozess automatisch gestalten; eine Ersparnis von Zeit und Geld: Kein Papierkram, keine Call-Center-Agents. Nur Klicks und E-Mails, rund um die Uhr. Wobei zu sagen ist, dass viele Online- Shops inzwischen

zweigleisig fahren und sich auch wieder Stores in der realen Welt leisten.

Ob Lager, Werbung oder Personal – es kann eine Menge eingespart werden, wenn vieles automatisiert wird – u.a. auch Kundenpost, etc.

Konzepte
Vorteil des Online-Marketings: Die Zielgruppe kann sehr viel einfacher und auch genauer bestimmt werden - ein Segen für das Planen von Marketingkampagnen, die ganz bestimmte Personengruppen im Fokus haben.

Imageaufbau, Direktdialog, 24-h-Service – all das dies sind nicht zu unterschätzende Vorteile. Allerdings muss es starke Identifikationsanreize geben, denn das Internet ist anonym.
- Transparenz
- Benutzerfreundlichkeit
- Und die richtige Ansprache (Text, Optik, Funktionalität)
- Sowie das Hinführen zum Abschluss sind die Basics, auf die geachtet werden müssen.

Ohne Ziel kein Erfolg
Wie beim klassischen Marketing auch, müssen aber Ziele klar und konkret definiert werden. Online-Marketing hat tausend

Möglichkeiten in petto, sie müssen mit Sinn und Verstand eingesetzt werden, sonst handelt es sich um so genanntes „Hope-Marketing" / man hofft, dass irgendwas davon funktioniert. Die „richtigen" Maßnahmen im richtigen Kanal in der richtigen Aufmachung (Tonality, Infografik, Video) auszuwählen ist die eigentliche Kunst im Online-Marketing und nicht selten erfolgsentscheidend. Definierte Marketingziele haben den Vorteil, dass sie reduzieren: in Mitteln, Teilzielgruppen und Zeitabschnitten. Angefangen beim Hauptziel, das in verschiedene Unterziele gegliedert wird, bis hin zur Überprüfung nach xy Tagen oder Wochen. Gecheckt wird dann, ob tatsächlich eine zum Beispiel Umsatzsteigerung von xy Prozent erzielt wurde. Wenn nicht, geht es auf Spurensuche. Die Größenordnung und die exakte Formulierung der Ziele bilden den Grundstein für die Marketingstrategie.

„Wer nicht weiß, wo er hin will, kann auch nicht ankommen."

Marketing Plan

Webseite

Attraktiv und zielführend muss der Internetauftritt sein, um zum Ziel zu führen – sei es Imageaufbau, Abverkauf oder Bekanntwerdung. Die Visitenkarte ist die Präsenz der Firma im www. Historisches, Produkte und Leistungen, Personal-Informationen, Kaufargumente und Presseecho, News und Image – für all das ist dort Platz.

Zudem ist es Interessierten möglich, direkt Kontakt über die Webseite aufzunehmen – rund um die Uhr, ein klarer Vorteil.

Bestellungen, Produktanfragen, Aufträge, etc. bilden einen non-stop Distributionskanal. Umso wichtiger ist es da, dass sämtliche Kommunikationsmaßnahmen und weitere Funktionen chronologisch sinnvoll angeordnet sind, um den User nicht zu überfordern.

Schlecht gefunden zu werden – in seinem Bereich – das kann sich kein Unternehmen heute mehr leisten. Deshalb ist ein entsprechend professioneller Umgang mit SEO nicht mehr wegzudenken. Als erstes gilt es, Traffic (Webseite-Besucher) zu generieren, durch:

- Suchmaschinenanmeldungen
- externe Links von Portalen
- Social Influencer
- Kooperationspartner.

Interessierte auf die Webseite zu bringen kann über Blogs oder auch geschaltete Anzeigen gelingen – je nach Budget und Zeitfenster. Einen Schwerpunkt sollte die Webseite besitzen – eher Image oder eher Verkauf? Eher Information oder eher Stimmung aufbauen? Ein Kommunikationsziel kann immer leichter erreicht werden als mehrere gleichzeitig, und wenn alle Maßnahmen auf den gleichen Faktor einzahlen, verspricht das größeren und schnelleren Erfolg als das Bearbeiten mehrerer Baustellen.

Das Verweilen sagt einiges darüber aus, ob die Kundenwünsche im Großen und Ganzen getroffen werden oder ob es Optimierungsbedarf gibt. Ebenso die Anzahl derjenigen Besucher, die wiederkommen. Die Absprungrate ist also maßgeblich für die Analyse der Webseite-Wirkung. Hohe Klickraten allein bewirken nichts oder nicht viel, ausschlaggebend ist in der Ökonomie meist die Kaufquote.
- Wer hat wirklich gekauft?
- Wann?
- Was?

- Wie viele?
- Wo?
- Und am liebsten: warum?

Attraktivität, Aufbau und Benutzerfreundlichkeit („Usability") sind ausschlaggebend in diesem Teil des Online-Marketings. Wer den Inhalt nicht zielgruppen-ansprechend attraktiv aufbereitet – oder zu kompliziert – der wird das Nachsehen haben: Jeder zweite User ist nach wenigen Sekunden bereits wieder bereit, zu gehen, wenn ihn nichts auf der Seite hält. Die Webseite muss den Interessen, Wünschen und Neigungen des Benutzers angepasst sein. Sie muss die Dinge aus Sicht des User zeigen, muss seine Herausforderungen problematisieren und seine Bedürfnisse erkennen.

Werbung soll immer eines der beiden Dinge tun: Erwartungen wecken oder erfüllen.

Ist die Menüführung auf der Webseite zum Beispiel zu schwierig, ist der Content (Inhalt) nicht leicht auffindbar oder ist die Gesamtanmutung nicht passend, ist der Kunde wieder weg.

Usability ist ein Hauptbestandteil gelungenen Online-Marketings. Ein verwirrter oder enttäuschter User kommt womöglich nie zurück – auf die Webseite. Die permanente Pflege und

Optimierung ist eine gute Investition. Weiterentwicklung und Aktualisierungen zeigen, wie zeitgemäß das Unternehmen ist. Originalität und Wechsel (Text, Medien, Bilder) machen das Ganze lebendig: Ob über Newsticker, Aktionen, Veranstaltungen, Gewinnspiele, Pressemitteilungen – oder was auch immer passt. Nicht selten ist ein angeschlossener Firmenblog ein echtes Highlight und zieht immer wieder Besucher an. Zudem wird ein nach den Haupt- und LSI-Keywords optimierter Blog auch zur guten Platzierung in Google beitragen. Zumindest wenn einige Dinge beachtet werden: Mindestens 500 Wörter sollte der Text lang sein. Formatierung, Keyworddichte, Bildttitelbeschreibung, meta-Angaben, etc. all dies ist neben der Kontinuität Mittel zum Zweck: Damit die Webseite möglichst weit oben in den Suchmaschinen-Ergebnissen auftaucht.

Verbiegen sollte sich aber kein Unternehmen: Authentizität ist im Internet, anonym und schnelllebig, ein bedeutender Part, um Confidence (Vertrauen) aufzubauen. „KISS" gilt auch hier: Keep it simple and stupid. Wer zu komplex wird, kann die User abschrecken. Keiner mag im Internet Pamphlete lesen. Kurz und prägnant. Aus Sicht des potentiellen Käufers.

Große Firmen geben Tausende für immer neue Trackingsysteme und Analyseverfahren aus, um das Beste aus der Zielgruppe „herauszuholen".

Big data, das Sammeln und Nutzen großer Datenmenge ist ein beliebtes Mittel, um im großen Stil Marketing auf Dauer zu optimieren.

Was ist eigentlich eine Landingpage? Wo ist der Unterschied zur Webseite?

Sie ist eine Teil- oder besser „kleine Webseite" – sie steht in Beziehung zur gesamten Webseite, ist aber auf ihre Art doch eigenständig, denn sie soll den Besucher empfangen, wenn er „landet", sprich aufgrund einer Suchanfrage oder eines Banner-Klicks auf genau diese Seite geführt wird. Sie hat immer nur eine einzige Intention.

Wie bereits erwähnt: Sie hat eine besondere Rolle. Eine Landingpage fungiert als Schnittstelle zwischen der geschalteten Werbekampagne und dem erwünschten Handeln des Users (in der Regel Informationsfreigabe oder Kauf). Ihre Hauptaufgabe ist es, Besucher zu Interessierten werden zu lassen, im besten Fall gleich zu Kunden. Sie zählt also nicht zu den herkömmlichen Internetseiten oder gar einer Homepage. Auf ihr versammeln sich nicht breite Informationen, sondern lediglich für den Verkauf wichtige Fakten. Es wird nicht breit gefächert, es wird wenig und fokussiert dargestellt, präsentiert, geführt und schließlich abgeschlossen.

Ein einzelnes Produkt steht im Vordergrund, alles zielt darauf. Nichts lenkt ab oder führt gar von der Seite weg.

Bestimmte Interaktionselemente (s. weiter vorn) werden immer eingesetzt. Etwa ein Antwortelement (z. B. ein Kontaktformular) und natürlich das „Action-Element", wie der Bestell-, Anmelde- oder Download-Button.

Je deutlicher dem Nutzer die ausgewählten Informationen und Aktionselemente gezeigt werden, desto größer ist die Konversionsrate, sprich die Quote Besucher - aktiver Nutzer / Käufer.

Landingpage sollen also ohne Umwege zu einem Kaufabschluss führen. Das spiegelt sich auch in Konzept, Layout und Programmierung wider. Allein die Domain-Wahl ist schon bedeutend: Die Webadresse der Landingpage ist meist nicht allzu lang und muss einprägsam sein.

Der Kampagnenerfolg hängt von der Ausrichtung, dem Aufbau und der Frequentierung der Landingpage ab.

Inhaltlich, textlich und auch von der Bildsprache her muss es eine klare Verbindung zwischen Werbemittel und Landingpage geben. Der User muss exakt das vorfinden, was er beim

Klick auf das Werbemittel oder den weiterführenden Link im Newsletter erwartet hat. Er soll tatsächlich auf der Webseite landen, die auf seine Frage / Bedürfnisse zugeschnitten ist. Der User muss sich gut auf der neuen Webseite zurechtfinden – Übersichtlichkeit ist das A und O. Einfachheit, zielführende Chronologie der Elemente und eine emotionale aber nicht allzu ablenkende Ansprache führen für gewöhnlich zum Ziel: Der Besucher bleibt.

Allein das beworbene Produkt wird thematisiert. Alleinstellungsmerkmale, Fakten, Bilder, Videos, Testimonials werden eingesetzt, um zu überzeugen, nicht um zu überreden.

Es können im unteren Teil auch Antworten zu Kundenfragen präsentiert werden, zur Leistung, zu Referenzen, Auszeichnungen und so weiter. Rücknahme- und Garantieleistungen können (klein) ebenfalls erwähnt werden, um Vertrauen zu schaffen.

Alles Weitere aber wird im Footer-Menü gesammelt, um nicht von den Kernaussagen abzulenken.

Die Handlungaufforderung geschieht häufig nach dem nochmaligen Aufzählen der Produktvorteile, ein einfacher Kontakt, eine unkomplizierte Bestellung, transparente

Zahlungsmodalitäten – dies sind Elemente, die helfen, zum Abschluss zu kommen. Je weniger Handlungen der Besucher ausführen muss desto seltener bricht er den Kauf ab: Also werden oft nur die nötigsten Kontaktdaten abgefragt und Vieles vereinfacht und automatisiert.

ACHTUNG
Eine Landingpage ist kein Online-Shop. Hier wird nur eine Sache zum Kauf angeboten. Informationen sollen überzeugen, alles zielt auf den einen Vertragsabschluss.

How to

Landingpages sind in der Regel responsive (s. o.), das heißt auch für mobile Geräte nutzbar, für verschiedene aktuelle Browser optimiert und stets auf dem aktuellen Stand der Technik. Große Bilder und Videos, die lange laden, werden gemieden, vordefinierte Ladereihenfolgen können eine Option darstellen. Hat der Kunde wie intendiert gehandelt, folgt im Anschluss an die Bestellung die Weiterführung auf eine „Danke-Seite", wo der Kauf emotional bestätigt wird, weitere Schritte erklärt werden oder auch gleich auf passende Cross-Selling-Angebote hingewiesen wird (Cross –Selling = Produkte, die den Käufer aufgrund seines ersten Kaufes auch interessieren könnten).

E-Mail-Marketing - Segmentierung - warum?

Nicht alles ist für jeden interessant; keine Aktion ohne vorherige Segmentierung. Fakt ist: Es gibt einige wenige übergreifende Themen, die so ziemlich alle Leute jeden Alters erreichen – wie Liebe, Schmerz, Tod, Familie – aber: Je nach Lebensabschnitt, Charakter und Umständen ist eben doch das eine im Moment spannender als das andere für den Einzelnen. Dasselbe gilt im E-Mail Marketing – Segmentierung: eine bewährte Strategie, um Produkte und Dienstleistungen zu bewerben, im Online Marketing nicht mehr wegzudenken.

Soll eine E-Mail ihr Ziel erfolgreich seinen Adressaten erreichen, muss der Empfänger eines tun: Die Botschaft als relevant erachten, sonst öffnet er sie nicht (8 von 10 Werbe-Mails werden gar nicht erst geöffnet). In diesem Zusammenhang ist natürlich auch die Form des Absenders entscheidend.

Das Auftreten macht die Basis aus. Der Empfänger wird die Nachricht nur annehmen, wenn er
- sie als wichtig erachtet
- neugierig ist

- sich einen Vorteil erhofft
- einen echten Mehrwert erkennt.

Jede Nachricht ist also nur einen Klick vom Angebot entfernt, aber auf genau den kommt es an. Die Segmentierung von Mail-Listen kann die Öffnung- und Click-Through-Rates (durchklicken bis zum intendierten Ziel) deutlich erhöhen. Warum?

1. Allgemeines verrät viel
Die demographische Segmentierung berücksichtigt Dinge wie Alter, Geschlecht und Einkommen beispielsweise. Die Besonderheit liegt darin, genügend Informationen zu erhalten. Je mehr abgefragt wird, desto weniger Lust hat der User, sich für den Newsletter einzutragen. Je nach Produkt sollte man sich also bei der Abfrage auf wenige Daten reduzieren.

2. Umfragen anwenden
Mittels Umfragen Mail Listen zu gliedern, ist ziemlich beliebt. Ein Anreiz kann den User zusätzlich bewegen, mitzumachen. Einzelne Landingpages können gegebenenfalls gleich die verschiedenen Interessen des Users bedienen.

3. Wie involviert ist der Empfänger
Engagierte User kann man anders ansprechen, als die „stillen Mitleser". Incentives und „Egokitzler" können sich engagieren lassen – durch gezielte Trigger.

4. Segmentierung nach Ort
Wer lokal etwas anbietet, sollte darauf nicht verzichten; so werden hohe Streuverluste vermieden. Global Player behalten dagegen die Zeitzonen im Auge. Im Ganzen ist nicht zu vergessen, dass Menschen unterschiedlich sind, je detaillierter man sie ansprechen kann, desto gezielter werden auch die Kampagnen.

EXKURS FÜR KLEINUNTERNEHMER
Überblick Marketing Strategie allgemein - Basics

Mein Produkt ist ... (Ich bin ...)
Meine Zielgruppe ist ...
Mein USP ist ...
Mein Preis ist ...
Mein Image ist ...
Meine Message ist ...
Mein konkretes Ziel ist (kurz-, mittel- , langfristig) ...
Meine Anknüpfungspunkte sind ...
Mein Brutto-Budget (bitte Mehrwertsteuer beachten) ist ...

Zielgruppe erreichen
Meine Zielgruppe finde ich wo ...
Meine Zielgruppe mag was ...
Meine Zielgruppe interessiert sich für ...

Ergo
Nutze ich folgendes Medium (Print, Radio, Online; Guerilla? Wenn ja, welches)

Warum nutze ich dieses Medium?
Wann:
Wie lange:
In welchen Intervallen:
Um Synergieeffekte zu nutzen, nutze ich außerdem folgendes Medium (Z. T. zeitgleich?):
Zu welchem Budget:

Ziel
Medium nutze ich mit welchem konkreten Ziel?
Korrektur/Controlling
Zielkorrektur wann
Ggf. Korrektur/ Anpassung Zielgruppe oder Preis oder Botschaft oder Budget
Wann? Regelmäßig

Geschichten brauchen Helden – Storytelling

Storytelling, etwas erzählen, was berührt, interessiert, nachdenklich macht – und erst in zweiter oder dritter Linie verkauft. Storytelling ist in aller Munde. Welche Storys passen wirklich zu einem Produkt, zum Anbieter, zum Marketer?

Die These, dass Storytelling keine eigenständige Kampagne sein sollte, ist nur bedingt richtig. Konsequent eingesetzt und entsprechend den Produkteigenschaften und Anforderungen an das Publikum angepasst kann sie sich wie die Hauptschlagader durch die Werbung ziehen.

Der klassische Dreiakter als Grundlage?
Storytelling als Heldengeschichte?
Ja. Eine gute Heldengeschichte funktioniert seit Tausenden von Jahren: Protagonist hat ein Problem/ Konflikt – hadert mit sich und der Welt, verreist nicht selten / erlebt Abenteuer. Muss Hürden überwinden, Neues kennenlernen, Mut und Klugheit beweisen – und wird letztendlich belohnt oder findet ein jähes Ende. Faszination, Symbolik und Spannungsbögen … Was will man mehr? Oder braucht man mehr?

Jeder braucht einen Helden, ob als Kind oder im Alltag – einer, mit dem man mitfühlen und mitfiebern kann. Das darf aber nicht die Firma sein; dann wird es schnell langweilig. Der Anbieter darf nur helfend zur Seite stehen. Das Umfeld des Helden ist … wie? Wie sieht die Zielgruppe aus? Was beschäftigt sie? Wo fühlt sie sich wohl / zu Hause? Zeit, Ort und Atmosphäre sind ausschlaggebend.

Emotional muss es sein: Geht es um Gerechtigkeit? Liebe? Rache? Abenteuer? Macht?
Der Held benötigt etwas, wofür es sich lohnt, all die Strapazen auf sich zu nehmen, womöglich sein Leben zu riskieren.

Was nun kann das Produkt / das Unternehmen gewährleisten, dass dem Helden auf seiner gefährlichen Reise hilft?
Szenerie … es muss um was gehen. Dramatik – Albtraum-Szenario, große Versprechen, echte Heldengeschichten – plausibel und überraschend … fantasievoll. Das Team sind die Absender … die sind dabei, wenn es beim Helden nicht weitergeht. Testimonials können hilfreich sein. Als Kompetenzbeweis. Als Hintergrundrauschen, als überzeugendes Element. Auch etwas Zauberei kann helfen: Das Produkt kann etwas Besonderes? Es gibt magische Wochen / Angebote?

Das Produkt muss zur Story passen. Der Rest ist dann Fleiß, Leidenschaft und Marketing, nicht selten etwas Glück.

Warum Storytelling?

Machen wir es wie die Filmleute: wir nutzen „Cliffhanger", bei jedem Post, jeder Mail oder jedem Blogbeitrag teasern wir schon ein neues spannendes Thema an. Und wie das funktioniert ….
verrate ich auf der nächsten Seite …
Na, bemerkt?
Man liest gleich weiter … will es jetzt wissen. Der Cliffhanger funktioniert.

Ob Webseite-Texte, Blogbeiträge oder Postings
Wer stumpf wirbt oder öde Fakten aneinander reiht, findet nur selten den richtigen Ton für sein Gegenüber. Es muss spannend sein – und unterhaltsam – und am besten noch informativ. Es muss … eine Geschichte sein, eine Story. Menschen lieben Geschichten, schon immer und von klein auf, aber: Sie müssen gut erzählt sein. So, dass man auch zuhört, dranbleibt, gespannt auf den Fortgang ist und bestenfalls aktiv wird, um zu erfahren, wie es weitergeht. Sie muss fesseln. Die Geschichte muss überraschen, ergreifend sein, emotional berührend, auf jeden Fall darf sie eines nicht sein – langweilig.

Storytelling ist mehr als bloßes Nacherzählen; es muss mitreißen – zumindest die Zielgruppe.

FAUSTREGEL
Echte Menschen erreichen mit fesselnden Geschichten echte Kunden.

Erfolgreiches SEO? Wie geht das?

Ohne Konzept kein Content, zumindest kein Content Marketing.
Die vier „Ps" – planen, produzieren, publizieren und prüfen können helfen, strategisch vorzugehen.

Werbung ist angeblich tot – die Social Kanäle zum Lesen und Interagieren da. Ohne SEO aber geht es nicht.

Content: Alles Inhaltliche sollte „funktionieren", sprich auf das festgelegte Marketingziel der Firma einzahlen. „Content" soll einen direkten Nutzen bieten, bestenfalls animieren, zumindest aber unterhalten und ein latentes Interesse wachhalten. Guten Content gibt es nicht umsonst: Zeit, Geld und Wissen muss investiert werden.

Gerade kleine Unternehmen haben aber eben an dieser Stelle eine Chance, sich neben den großen zu behaupten, durch Know-how, Aktualität und Originalität. Das richtige Thema finden … Was interessiert den User? WAS interessiert meine ZIELGRUPPE (wirklich)?

Relevante Themen zu finden ist das A und O einer gelungenen Strategie. Und welches Ziel soll verfolgt werden? WAS möchte man in welchem Zeitraum erreichen? Likes, Traffic, Verkäufe? Erfolgreiches SEO gelingt nicht von heute auf morgen, wird für Blogger oder Experten auf einem Gebiet aber leichter, eben durch guten und gut aufbereiteten Content.

SEO Suchmaschinenmarketing

Suchmaschinen – der Sammelpool für alle Suchenden. Für Informationsrecherchen, Privates und auch als direktes „Einkaufswerkzeug" für Produkte und Dienstleistungen werden sie benutzt. Suchmaschinen sind Allrounder und werden für unterschiedlichste Anliegen genutzt. Private User (B-to-C) und Business-User (B-to-B) können hier erreicht werden. Eine gute Positionierung in den Suchmaschinen steht bei vielen Marketern auf der To-Do-Liste ganz oben. Die begehrten vorderen Plätze bei den Suchergebnissen macht es Produzenten, Händlern und Dienstleistern möglich, online Kunden zu erreichen.

Das Suchmaschinenmarketing meinte in der Vergangenheit vor allem Index-Listing und das Keyword-Advertising, heute ist Content-Marketing das Schlagwort. Die Suchmaschinenoptimierung (Search Engine Optimization) bezieht sich auf die Positionierung in den Suchergebnissen in Relation zu den Suchanfragen, sprich es kommt maßgeblich auf den gewählten Begriff an bzw. dessen Kombination mit anderen Wörtern (Longtail Keywords).

Ausgesuchte Rankingfaktoren bestimmen gemäß der Suchmaschinenalgorithmen die Platzierung – ohne Garantie.

Das Keyword-Advertising hat darum eine immer größere Rolle im Marketing. Bezahlte Einträge machen es möglich: Die Webseite wird oberhalb der Trefferlisten einer organischen Ergebnislistung angezeigt. Das erfordert Know-how und eine umfassende Werbe-Erfolgs-Kontrolle, was meist professionelle Agenturen übernehmen (Der Bundesverband Digitale Wirtschaft (BVDW) bietet ein Zertifikat als Orientierungshilfe).

Jede Suchmaschine nutzt andere Algorithmen bzw. eine vielfältige Gewichtung der Teilaspekte. Die „klassischen" Suchmaschinen bieten Ergebnisse zu quasi allen Bereiche, Business- und Firmenportale, Special Interest Foren zu speziellen Anfragen, eher in die Tiefe gehend. Im Marketingmix wird geplant und festgelegt, wo der Schwerpunkt liegen soll. Wo das Budget am meisten Sinn macht.

Suchdienste und Webverzeichnisse

Suchmaschinen wie Google, Yahoo! und Bing haben Milliarden Internetseiten gelistet. Suchroboter (Webcrawler) durchpflügen ständig das Netz nach Neuerungen. Die genauen Bewertungs-Kriterien sind häufig nicht öffentlich, Vieles aber bekannt. Allerdings werden auch die Algorithmen modifiziert und immer wieder angepasst, um dem User das bestmögliche Suchergebnis auf seine Anfrage zu liefern. Seiten mit hoher Relevanz für eine Suchanfrage werden häufig als erste gezeigt. Darein spielen Verlinkungen (Back-Links), Akzeptanz-Hinweise (Experte für …); Qualität, präzise und authentische Inhalte sind ebenfalls ein Kriterium.

Zunächst also wird eine Firmen-Webseite angemeldet in der jeweiligen Suchmaschine. Es ist – trotz oder gerade mit SEO - ein langwieriger Prozess, in Suchmaschinen (gut) gelistet zu werden – und die Konkurrenz schläft bekanntlich nicht. Kurzfristige Kampagnen werden deshalb über Keyword-Advertising – also bezahlte Werbung – bekannt gemacht.

Es gibt zwei Abrechnungsvarianten: Auktionsmodell oder Festpreismodell. Beim Festpreismodell wird der Preis des Werbeplatzes (AdZone) nach gebuchtem Zeitraum, Anzahl der tatsächlichen Kontakte, gemessenen Klicks oder konkreten Anfragen kalkuliert. Die Platzierung kostet entsprechend. Meist gibt es noch eine eigene Firmeninfoseite dazu.

Beim Auktionsmodell sieht die Werbebuchung ein Maximalgebot für die gewünschten Suchbegriffe vor, die Unternehmen bieten. Sucht der Nutzer nach einem entsprechenden Suchbegriff wird die Webseite als „Sponsored Link" angezeigt – die Werbeanzeigen der Höchstbietenden. Die Budgetierung der Klicks folgt automatisch, per Tages-, Monats- oder Gesamtbudget. Dem Werbetreibenden entstehen erst Kosten, wenn der User auf den Link des Werbenden klickt. Diese Kosten „pro Klick" unterliegen Schwankungen – je nach aktueller Nachfrage und verschiedenen Maßstäben die Qualität betreffend.

Google AdWords

Das Keyword-Advertising-Werkzeug: AdWords (engl. „Adverts" = Werbeanzeigen und „Words" = Wörter) von Google. Andere arbeiten mit ähnlichen Mechanismen. Hier können Werbeanzeigen sowohl in Ergebnislisten von Google-Suchseiten als auch in Google Such-Werbenetzen und im Google-Display-Netzwerk geschaltet werden. AdWords-Textanzeigen in den Google-Suchseiten werden durch die Überschrift „Anzeigen" markiert.

Thematisch passend soll es sein, deshalb werden zur möglichst genauen Auswahl die verwendeten Keywords eines Beitrages ausgewertet.

Das meist genutzte AdWords-Format: Textanzeige, aus mehreren Elementen bestehend (in der Anzahl der Zeichen limitiert.)
- Überschrift (max. 25 Zeichen)
- Beschreibungstext (zwei Zeilen mit je max. 35 Zeichen)
- Anzeige-URL (max. 35 Zeichen)
- Ziel-URL (max. 1024 Zeichen, für den User nicht sichtbar)

Alternativ gibt es Textanzeigen, die zusätzlich den Standort des Werbetreibenden enthalten.

„Lokale Anzeigen" werden auch auf Google Maps geschaltet. Im „Mobile Marketing" ist die Zeichenanzahl sowie das Datenvolumen oft limitiert, da sie vornehmlich für Tablets und Handys konzipiert sind.

Google AdSense

Es fungiert als Gegenpart zu AdWords: Hier stellen Blogger und Webseiteinhaber ihre Werbeflächen zur Buchung Verfügung. Jeder Publisher kann mitmachen – in der Theorie. Es gibt natürlich Auswahlverfahren. Die Inhalte müssen konform und rechtlich unbedenklich sein. Dann kann der Werbende Banner, Texte, Verkaufs- oder Videoanzeigen dort buchen. Steht die Kampagne – Inhalte und Intention klar, Formate und Motive ausgewählt - werden die Werbemittel eingeblendet.

Jeden Klick bezahlt der Werbetreibende mit einer Mittlerprovision, die nach dem Wert der Suchbegriffe ermittelt wird.

Channels helfen dem Publisher, die Werbewirksamkeit verschiedener Areale zu testen und zu beeinflussen: verschiedene Platzierungen auf der Seite - Anzeigencodes stehen im Fokus. Diese sind ausschlaggebend, und so wird ständig neu kombiniert und optimiert.

Kontextbezogene Werbung
Sachlich zu Suchanfragen relevante Anzeigen können ebenso initiiert und gebucht werden.

Werbeeinblendungen zu einem bestimmten Bereich - Special Interest - treffen die Zielgruppe passgenau. Google kann Anzeigeninhalte noch detaillierter auf die Suchanforderungen zuschneiden.

...lyse
...ebsite

Suchwort
Auswahl

Ana...
Rank...

SEO

Kontrolle
& Erfolg

Aufbau
Weblink...

Display-Marketing

Eine Art Urform des Online-Marketing ist das „Display-Marketing". Bereits in den Neunziger Jahren war Bannerwerbung beliebt, meist als schlichte Grafikbanner. Inzwischen kamen intelligente und multimediale Bannerformen dazu: Musik, Sprache, Animationen, Bewegtbild – diese Elemente bestimmen heute die Werbung. Bessere technische Voraussetzung auf beiden Seiten lassen höhere Datenvolumen zu, die wiederum viel mehr möglich machen.

Banner-Werbung unterliegt den gleichen Mechanismen wie herkömmliche Werbung: Werbewirksame Werbemittel schaffen Aufmerksamkeit, wecken oder thematisieren einen Wunsch / ein Bedürfnis und regen zum Handeln an.

Eine adäquate Werbeplatzierung macht die Mediaplanung – gerade im schnelllebigen und hoch-komplexen Werbeumfeld Internet so wichtig. Zielgruppenrelevante Platzierungen werden ausgesucht, am liebsten mit hoher Reichweite, Zeitfenster festgelegt, und Besonderheiten berücksichtigt.

Die technischen Begebenheiten, das Zentrum für die Werbemittel, nennt man auch Adserver. Banner-Rotation ist keine

Seltenheit, sprich mehrere Werbende teilen sich einen Werbeplatz, werden abwechselnd oder nach Budget eingeblendet.

Nicht einmal zwei Sekunden hat der Anbieter in der Regel, um den User zu fesseln, länger schaut kaum jemand auf ein Werbebanner.

Dass KISS-Prinzip greift auch hier: Stupid and simpel, die Werbebotschaft muss einfach sein.

Die Marketingschritte werden je nach Größe und Expertendichte im Unternehmen entweder inhouse geplant und durchgeführt oder aber an (zum Teil verschiedene) Dienstleister und Agenturen ausgelagert.

Werbeagenturen gestalten, konzipieren, planen; buchen tun in der Regel Mediaagenturen.

> **MERKE**
> Über viele Analysetools, auch bei Facebook und co. kann man recht gezielt die Personen auswählen, die angesprochen werden sollen. Inzwischen weit über die klassischen soziodemografischen Daten und das oberflächliche Nutzungsverhalten hinaus: Spezielle Interessen, Vorlieben, sogar alte Käufe und politische

> Trends, Affinität zu Tieren, Familienstand … es gibt kaum noch etwas, das nicht ersichtlich wird. Danach werden die Kampagnen zunehmend angepasst. Vorsicht bei der Anwendung. Nicht alle Daten dürfen ohne ausdrückliche Erlaubnis abgefragt, dokumentiert und verwendet werden.

Abrechnungsmodelle

Es wird zum Einen nach Einblendungen abgerechnet, und zwar meist pro tausend Einblendungen des Banners (TKP = Tausender-Kontakt-Preis, wie viel kostet es, 1000 Leute zu erreichen? genauer gesagt, 1000 Mal jemanden zu erreichen (theoretisch kann es sich dabei ja auch um die gleiche Person handeln)). Zum Anderen werden lediglich die Klicks berechnet (CPC = Cost-per-Click/Kosten Pro Klick). Weiterhin gibt es eine Vielzahl an alternativen Abrechnungsmodellen, etwa wenn nur dann gezahlt wird, wenn der User wie gewünscht agiert: Zum Beispiel seine Daten freigibt oder eine Bestellung auslöst (Cost-per-Order).

Die Frage, ob sich eine solche Kampagne lohnt bzw. ab wann, muss unweigerlich im Fokus der Marketingaktivitäten stehen, um nicht irgendwann unwirtschaftlich zu handeln. Ausnahme Brand Awareness: Soll die Bekanntheit einer Marke gesteigert werden, ist dies schwerer in Zahlen zu fassen als beispielsweise Klickraten.

Wie attraktiv eine Werbeplattform ist, zeigt die Click-Through-Rate an: Die Häufigkeit der Klicks werden in Relation mit den Impressionen gesetzt. Konversionsraten repräsentieren den Erfolg: Welche Anzahl von Banner-Klicks hat letztendlich zum Abschluss geführt?

Prinzipiell seien Banner nicht mehr unbedingt zeitgemäß, konstatieren viele digitale Vorreiter. User sind zunehmend genervt von ihnen, allerdings ist zu berücksichtigen, dass die allgemeine Werbedichte ohnehin stets zunimmt.

Erfolgsversprechender scheinen da Influencer Marketing und speziell konzipierte Unterseiten zu sein.

Die Kennzahlen für eine Webseite, nach der viele Werbende den Werbeplatz auswählen bzw. eine Zusammenarbeit mit einem Blogger in Betracht ziehen, sind:

- Reichweite
- Wie viele Visitors – Besucher – sind auf der Webseite regelmäßig / durchschnittlich zu verzeichnen?
- Wie viele Pageviews – Seitenaufrufe – gibt es?

- Wie ist es um die Verweildauer bestellt? Wie viele Minuten bleibt der Leser auf den Seiten?
- Wie hoch ist die Absprungrate? Sprich, wie schnell verlässt der User die Seite wieder? Geht er gleich nach dem ersten Klick? Liest er noch den nächsten Beitrag, geht zu einer anderen Unterseite?

Viel wichtiger aber als die puren Reichweiten – egal, ob auf dem Blog, Instagram oder woanders - sind inzwischen Image, Glaubwürdigkeit und Vertrauensverhältnis geworden. Die reinen Kennzahlen nutzen nur bedingt, um etwas über den Erfolg einer Zusammenarbeit auszusagen.

Die zunehmende Vernetzung von Geräten, Kanälen und User verdichtet die digitale Landschaft und führt zu einer Inflation der Werbemittel. Werbe-Blocker werden immer beliebter. Auch das Aussortieren von Werbeinhalten nimmt zu, diverse Software-Anbieter sind auf dem Vormarsch.

Dennoch behalten Werbebanner einen Vorteil:
Sie sind im Ganzen sehr preiswert zu kreieren und einzusetzen.

E-Mail-Marketing – Aufbau Mailing

Wie schon ausgeführt: E-Mails werden eingesetzt, um Interessierte zu informieren, Interessenten auf Aktionen aufmerksam zu machen, sie zu binden und letztendlich zu Kunden bzw. Wiederkäufern zu machen. Doch was ist beim Aufbau zu beachten?

Vorab noch einmal – E-Mail-Marketing ist
- unschlagbar preiswert (kein Versand, Papier, etc.)
- nach wie vor ein erfolgreiches Werbemittel, aber nur, wenn es „richtig" eingesetzt wird
- nur unter bestimmten Voraussetzungen erlaubt
- muss wichtige Dinge berücksichtigen und einige Elemente zwangsweise enthalten (Mit einem Klick abmeldbar) schnell
- inzwischen auch auswertbar: wer hat wann was geöffnet?

Heute werden E-Mail im Businessbereich selten ohne Gesamtkonzept und technische Allround-Anbindung versandt. Ein ausgeklügeltes Versandsystem bestimmt genau, wann welcher Newsletter herausgeht, wann Interessenten in welcher Reihenfolge und in welchem

Abstand Aktionsangebote erhalten und natürlich wie die Autoresponder-Funktionen genutzt werden: Hat sich ein User eingetragen, bzw. ein Opt-in E-Mail Adressen gesammelt, erhalten die Interessierten automatisch und zeitnah eine Danke- oder Willkommens-Mail. Drei Tage später dann zum Beispiel eine E-Mail, in dem sich das Unternehmen noch einmal vorstellt / personalisiert / Nähe schafft. Eine Woche später evtl. wird eine E-Mail mit nützlichen Informationen zu einem für den Angemeldeten relevanten Bereich herausgeschickt. Usw. – eine ganze E-Mail Kampagne folgt, und wird – je nachdem wie der User reagiert – angepasst. Der, der gekauft hat, bekommt andere Mails als der, der noch zögert.

Die persönliche Ansprache, der Dialogwert – ein Klick und schon auf der Webseite – die Möglichkeit, multimediale Inhalte einzubinden, all das macht den Wert der Mail aus.

Es beginnt schon mit der richtigen Headline. Die Betreffzeile darf nicht zu lang sein, aber auch nicht zu kompliziert. Bestimmte Reizwörter funktionieren oft gut, andere sind No-Gos. Viele Mails werden nicht geöffnet, häufig aufgrund des Betreffs. Technische Features erlauben eine kreative Gestaltung der E-Mails und einen gezielten Versand. Akquise, Informationen und Kaufhinweise – wann was geschickt wird, muss verkaufspsychologisch geplant werden. Kosten werden auf jeden Fall eingespart. Die Gestaltung der E-Mails, Providergebühren und Softwarelizenzen sind gegenüber den Gesamt-Kosten im klassischen Marketing weitaus geringer. Zahlungsverkehr, Bestätigungen und Event-Einladungen – alles elektronisch, bis hin zur Zusage / Kaufabwicklung. Hauptvorteile auf einen Blick:

Via Personalisierung
Die persönliche Kundenansprache in der E-Mail ist ebenso erfolgsversprechend wie gern genutzt. Über digitale Hilfsmittel: in der E-Mail nichts leichter als das.

Tracking-Codes erleichtern die Auswertung und umfassende Berichte geben einen guten Einblick in das, was funktioniert: Öffnungsraten, Klickanzahl, Anmeldungen, Abmeldungen, Käufe, Fragen. Schnell und transparent lässt sich das alles erfassen und nachvollziehen. Dies lädt natürlich zur Optimierung ein. Ohne Analyse und Optimierung ist E-Mail-Marketing nicht viel mehr als eine Werbebrief-Aktion.

Ein weiterer Vorteil: Internationales Agieren, rund um die Uhr – dies macht das digitale Zeitalter möglich.

E-Mails sind attraktiv in der Planung, in der Realität muss auch mit Ablehnung und Blockierung durch Server und User gerechnet werden. So leicht sie ihren Empfänger erreicht, so einfach kann sie auch gelöscht, geblockt oder übersehen werden.

Eine zielgruppen-relevante Konzipierung ist deshalb unverzichtbar. Mails von der Stange sind nicht nur ineffektiv, sie können sogar schaden. Professionalität in Aufmachung und Formalia – ohne dies macht die E-Mail-Kampagne keinen Sinn.

Perfekte Adressierung und Verschlagwortung müssen ein Übriges tun. Ohne Mehrwert oder wenigstens entsprechend starke Neugier öffnen die Empfänger das Werbemittel sonst nicht einmal, geschweige denn dass sie den Inhalt lesen.

Welche Adressaten nun einen elektronischen Brief bekommen, hängt von verschiedenen Faktoren ab: Legal erworbene Adressen können eine Grundlage bilden. Es ist unbedingt gängiges (deutsches!) Recht zu berücksichtigen, sonst kann es schnell Abmahnungen regnen. Der Kunde muss ausdrücklich zugestimmt haben.

Verschiedene rechtliche Einschränkungen, was Versand und Pflichtangaben angeht, müssen beachtet werden (Das Gesetz über elektronische Handelsregister und Genossenschaftsregister, das Unternehmensregister (EHUG) = notwendigen

Impressumsangaben in einer geschäftlichen E-Mail sind vorgegeben). Das Gesetz gegen den unlauteren Wettbewerb (UWG) regelt, wann E-Mails als Belästigung gelten.

> **FAUSTREGEL**
> Werbe-E-Mailings dürfen nur an Kunden versandt werden, die bereits über eine echte Kundenbeziehung zum Absender (ggf. ein Dienstleistungsverhältnis zwischen dem Empfänger und dem Unternehmen) verfügen. Und: die beworbenen Angebote müssen mit früheren Bestellungen des Kunden in Verbindung stehen. Andernfalls ist es rechtswidrig, sie zu beschicken. Zudem darf er nicht widersprochen haben. Werbe-E-Mails müssen auch als solche gekennzeichnet sein. E-Mails, die ohne Einwilligung verschickt werden, nennt man Spam.

Marketing im Social Media-Bereich

PR ist ein beliebtes Mittel, um Aufmerksamkeit zu schaffen. Im Internet wird die Grenze zwischen PR und anderen Kommunikationsarten zunehmend fließend. Online-PR und Social Media-Marketing werden häufig in einem Zug genannt, obwohl die Presse- und Öffentlichkeitsarbeit grundsätzlich andere Funktionen hat als das Marketing. Offene Presseportale, spezielle Blogs und Wissensdatenbanken bieten viele Möglichkeiten, im Internet präsent zu sein.

Inhaltlich gut recherchierte Artikel, fachlich versierte Beiträge werden von Lesern oft langfristig honoriert: Sie kommen wieder, teilen und kommentieren die Artikel und bringen so Traffic, fungieren mitunter als „Verteiler". In solch einem Umfeld Werbung zu schalten, kann je nach Themenbereich und Aufmachung Erfolg bringen.

Absender müssen gut erkennbar bleiben. Und Vorsicht vor so genannten Trollen. Diese stiften Unruhe – durch unqualifizierte Kommentare etc. Der Umgang mit solchen Dingen müssen vorbereitet sein ähnlich wie bei einem „Shit Storm"

(Negativ-Kommentar-Welle) – da müssen auch Maßnahmen im Marketingplan integriert sein, um im Falle eines Falles adäquat reagieren zu können.

Kundenforen oder Unternehmensblogs können einen echten Mehrwert darstellen, wenn sie denn gepflegt werden.

Den professionellen Umgang mit unerwünschten Kommentaren sollten Mitarbeiter in Schulungen lernen. Der Marketingmix macht auch vor der Online-Welt nicht Halt.

Social Media-Marketing wird gern und viel betrieben, allerdings oft chaotisch und ohne die nötige Planung und Kontrolle.

Das Nutzen „sozialer Netzwerke" kann das Werbebudget insofern entlasten, dass einfach andere, neue Kanäle das transportieren, was ein Unternehmen früher über Print und klassische Werbemedien kommunizieren wollte.

Dabei ist zu beachten, dass mindestens sieben relevante werbefreie Beiträge / Post kommen sollten, bevor die Firma einen Werbepost veröffentlicht. Sonst ist der User / Fan / Leser schneller wieder weg, als es ökonomisch vertretbar ist, auch wenn sich die Kosten im Social Media Bereich eher im niedrigeren Bereich halten. Je nach Kampagne kann dort natürlich auch locker ein Millionen-Budget verplant werden, meist aber handelt es sich um überschaubare Beträge, die gemäß dem User- und dem Konkurrenzverhalten angepasst, aufgestockt, umverteilt und neu bewertet werden. Vorteil ist, dass auch Einzelunternehmen schon mit Mini-Budget hier starten können; die konkrete Auswahl der Zielgruppen ist – etwa auf Facebook – ein Riesenvorteil. Der Streuverlust wird unglaublich minimiert.

Der Dialog steht im Social Media im Mittelpunkt, leider missverstehen viele Werbetreibende dies immer noch als Werbeplattform, doch erst durch das Miteinander, den Austausch gewinnt das Medium. Befürworter und Kritiker, Pro und Contras, nicht zuletzt der mega-schnelle Austausch machen den Reiz aus und lassen täglich Mio. User in den entsprechenden Foren miteinander kommunizieren. Bekanntheit, Fans, Sharen … Empfehlungsmarketing par Excellence, richtig genutzt.

Eine recht gute Akzeptanz der Posts, die genaue Ansprache der Zielgruppe, das Erreichen von Influencern sprechen für das Investieren in diesem Bereich. Der Vorteil ist aber auch ein Nachteil: Die Öffentlichkeit liest (alles) mit.

Trendsetter, „Early Adopters", Menschen, die früh Trends verbreiten oder sogar begründen, sind zu Recht beliebte Werbeträger. Ihre Meinung wird über Sharing und weitere Aktionen multipliziert. Eine echt viral-geglückte Kampagne spart eine Menge Werbegelder, da sich die Nachricht quasi von selbst verbreitet.

Ziele im Social Media sind die gleichen wie in jeder Werbestrategie: Sie können über gesponserte Posts oder aber Social Media „Arbeit" bzw. einen Mix der beiden Elemente erreicht werden.

Verschiedene Plattformen erreichen vorrangig verschiedene Personen bzw. die gleichen Personen, aber in unterschiedlichen Rollen: als Unternehmer, Privatperson, Elternteil etc. Wenn ein Account brach liegt, macht er keinen Sinn. Nur wer sein Firmenprofil aktuell hält und zeitnah auf die Fragen, Wünsche und Antworten der User eingeht, hat eine Chance, dies als Mehrwert-Pool verstanden zu wissen. Vorteil: Das Unternehmen erfährt sofort und „hautnah", was ihre (potentiellen) Kunden bewegt.

Checkliste für soziale Netzwerke
- Wer ist die Zielgruppe?
- Was ist das Kernthema?

Der Social Media Timer – www.marketing-muse.de
Wann poste ich wo am Besten?

Linkedin	google+	Pinterest	Facebook
7:30–9:00 Uhr	9:00–11:00 Uhr	12:00–13:00 Uhr	13:00–15:30 Uhr

Linkedin	google+	Pinterest	Facebook
22:00–6:00 Uhr	0:00–8:00 Uhr	17:00–19:00 Uhr + 0:00–6:00 Uhr	20:00–6:00 Uhr

Linkedin	google+	Pinterest	Facebook
Di., Mi., Do.	Mo.–So.	Sa.	Mi.

→ Gute Zeiten zum Posten

Twitter 7:30–9:00 Uhr	Tumblr 14:00–16:00 Uhr + ab 20:00 Uhr	Linkedin 7:30–9:00 Uhr

→ Schlechte Zeiten zum Posten

Twitter 20:00–6:00 Uhr	Tumblr 0:00–12:00 Uhr	Linkedin 22:00–6:00 Uhr

→ Gute Tage zum Posten

Twitter Mo., Di., Mi., Do.	Tumblr Mo., Di., Fr., Sa.	Linkedin Mo.–Fr.

- Passt das zum Gesamtauftritt der Firma? Ist es authentisch?
- Welcher Kanal ist der Schwerpunkt (Facebook, Twitter, XING, Pinterest)?
- WANN und WO wird gepostet?
- WAS genau (Bildsprache, Tonailty, Storytelling)?
- Stimmt das Wording?
- Stimmt die Bildsprache (wie sieht es mit den Bild-Rechten aus)?
- Wird sinnvoll verlinkt - auf die Firmen-Webseite, um sich nicht von einem Sozialen Dienst abhängig zu machen?
- Erhöht sich dort der Traffic?
- Ist das Bild richtig benannt? (Stichwort SEO Kriterien)?
- Wie sehen die Reaktionen aus?
- Was funktioniert am besten?
- Wie sieht die Aufwand-/ Zeit- Nutzen Bilanz aus? Lohnt es sich?
- Ohne Ziel kein Ankommen: Wie kann man die Strategie optimieren? WAS ist PLAN/ ZIEL, Intention – konkret in welchem Zeitraum?
- Verschiedene Kanäle haben verschiedene Prime Times … Business-Netzwerke häufig andere Schwerpunkt-Zeiten als Privat-Foren.

Facebook

Fakt ist … FB hat viele User, inzwischen auch Mid Ager und Silver Ager, nicht nur die jungen User.

Facebook Beiträge sind nach vor wichtige Social Signals, auch aus SEO Sicht. Außerdem, die Facebook Beiträge funktionieren dort am besten, wenn …
- sie emotionalisieren (positiv oder negativ)
- sie zur richtigen Zeit platziert werden
- sie positive Gefühle hervorrufen
- Freude scheint am meisten zu motivieren (meisten Reaktionen)
- Leider werden auch Wut und Angst schnell geteilt.

FAZIT
Es wird vornehmlich Positives geschrieben und Zurückhaltung ist Pflicht. Das müssen auch die Mitarbeiter in einer Schulung lernen, dass der Firmenaccount anders als der Privataccount behandelt wird. Die Maxime „Erst denken, dann posten" ist weit verbreitet. Denn: „Das Internet vergisst nie!" Also nie unsachlich werden oder auch nur emotional; sonst kann es schnell geschäftsschädigend werden. Wenn Internet-„Trolle" auftauchen, ruhig bleiben, aussitzen oder gezielt entfernen.

Twitter

Twitter ist aus der Social Media Landschaft nicht mehr wegzudenken. Für viele Unternehmen und auch so manchen Einzelkämpfer ist Twitter inzwischen zur festen Instanz geworden; ein modernes Kommunikationsmittel, das populär ist und immer reichweitenstärker wird. Das recht simple Prinzip – die Nutzer schicken Kurznachrichten ins Netzwerk. Andere lesen diese und reagieren gegebenenfalls darauf. „Ziel" sind möglichst viele Abonnenten der eigenen Kurznachrichten „Follower", (engl. to follow = folgen), zu sammeln. Im viralen Marketing, sprich Inhalte, die sich übers Netz wie ein Virus verbreiten, ist Twitter ein wichtiger „Verteiler". Blitzschnell werden hier Nachrichten übermittelt, so dass im besten Fall in wenigen Minuten Tausender oder gar Millionen Menschen erreicht werden.

Wie setzt man die Nachrichten auf?
Ein Tweet, eine Kurznachricht darf eben nicht mehr als 140 Zeichen umfassen, was bedeutet, dass die Aussagen auf den Punkt sein müssen – entsprechend der zunehmend geringer werdenden Aufmerksamkeitsspanne der User. Es ist einfach kein Platz für bloßes Drumherumreden – oder platte Werbenachrichten. Es sei denn, es ist eine gesponserte Posting-Kampagne gebucht. Eine Textnachricht muss in wenigen Worten das transportieren, was gesagt werden soll: Informativ,

humorvoll, manchmal nur mittels eines einzigen Wortes oder mithilfe von Satzzeichen. Erfolgreiche Twitterer sind in der Regel sehr kreativ. Sie nutzen alle erdenklichen Möglichkeiten, um diese 140 Zeichen bestmöglich zu bestücken. Doch Twitter kann noch mehr als knackige Texte.

Wie werden Twitterfotos richtig angelegt?
Visuelle Zusatzmodule erweitern das Potential des Kurznachrichtendienstes enorm. Man hat mehrere Möglichkeiten, seine Fotos und Grafiken einzubringen: Die Gesamtbreite des Twitteraccounts umfasst 1280 x 1024 (Breite x Höhe) Pixel. Und ist in ein Headerfoto, Profilfoto und In-Stream-Foto gegliedert. Letzteres befindet sich direkt im Tweet. Das Headerfoto, das ist das, welches oben längs im Kopf angezeigt wird, sollte 1500 x 500 Pixel (Breite x Höhe) groß sein (größer als die Gesamtbreite, damit noch Luft ist und der Bildausschnitt adäquat gewählt werden kann). Es sollte einen sinnvollen und ansprechenden Ausschnitt eines aussagekräftigen Fotos oder einer solchen Grafik widergeben. Eine gute Auflösung ist Pflicht, andernfalls sieht der Foto- oder Grafikausschnitt abschreckend pixelig aus. Die maximale Dateigröße entspricht hier allerdings 10 MB. Das kleinere quadratische Profilfoto links etwas weiter unten muss für Twitter die Maße 400 x 400 Pixel haben (auch wenn es nur 200 x 200 Pixel angezeigt wird). Das Profilfoto kann unterschiedlich bestückt werden: Hier

kann ebenso ein Logo wie ein Profilfoto eingefügt werden. Beziehungsweise: Der Balken oben quer kann entsprechend des Corporate Designs gestaltet werden und der quadratische Kasten als Profilfoto. Das kleinere Profilfoto darf jedenfalls nicht größer als 100 KB sein. Beide Dateien – oben und links – müssen im Format JPG, GIF oder PNG hochgeladen werden. Das In-Stream-Foto wird minimal als 440 x 220 Pixel angezeigt, maximal 1024 x 512 Pixel. Fotos dürfen nicht größer als 5 MB, animierte GIF nicht größer als 3 MB sein.

Wo erscheint das Bild?
140 Zeichen darf ein Tweet maximal haben, das bedeutet nicht nur: Man fasst sich kurz. Das heißt auch: Fotos und Bilder, Videos und Grafiken peppen die Kurznachricht wesentlich auf. Infografiken sorgen für mehr Sichtbarkeit. Man kann zwar keinerlei Einfluss nehmen auf die Platzierung des Tweets, sprich, was davor und dahinter kommt, aber: mit grafischen Aspekten fällt der Tweet definitiv mehr auf. Ein dem Tweet hinzugefügtes Bild erscheint direkt unter dem Tweet. (Anfangs hat Twitter lediglich einen Link zur Bilddatei aufgeführt.) Das gleiche gilt für YouTube-Videos und vielen anderen Multimedia-Content. Überhaupt geht der Trend immer mehr zum Kanal-Mix / Kanal-Crossing. Die Symbole unter dem Tweet spiegeln die Reaktionen der User darauf wider. Die Twitter-Community zeigt, wie der Tweet aufgenommen wird.

Retweeten die Follower ihn? Bekommt er ein Herzchen als „Zustimmung" (faven)? Antwortet jemand darauf (= Reply)?

> **ACHTUNG**
> Es dürfen natürlich keinesfalls einfach Bilder aus dem Netz genutzt werden – noch immer vergessen selbst gestandene Unternehmen dies. Das gilt sowohl für den Fotografen wie auch für das Motiv! Das kann unangenehme Abmahnungen zur Folge haben, weshalb manche Firmen nur eigene Fotografen beschäftigen. Oder eben Fotos aus den Datenbanken wie fotolia.de und Pixabay.de kaufen.

Strategie: Wie profitiert der Werbende von Twitter?
Durch Reichweite. Durch Image. Durch Aktionen. Wenn es gelingt, mit der Zielgruppe auf Twitter in Dialog zu treten, hat es sich für die Online-Marketing-Sektion schon gelohnt: gute Chancen auf gute Reichweiten. Das meint aber auch, dass man den Content gezielt an die User anpasst, sich immer wieder rückversichert, ob die Inhalte auf Interesse stoßen und man sich eine Art Netzwerk auf Twitter schafft. Also durchaus auch auf andere interessante Inhalte verweist. Und dass man interagiert. Reine Werbung verpufft häufig - gerade auf Twitter, eine Vielzahl an regelmäßigen Beiträgen, die oft auch

Twitter

1280 x 1024

In-Stream-Foto

440 x 200

tore, sit autatur sus doluptatemo moditaq uatiae. Sam quatus
et, sum a volupictatem esenim quiatem porrum re lab iusapic itatemp

automatisiert (und im Voraus geplant) veröffentlicht werden, kann durchaus Nähe zu den (potentiellen) Kunden schaffen.

Redaktionsplan als Vorlage
#redaktionsplan #hashtags #mix #retweet #analyse
Wer Twitter dauerhaft zur Unternehmenskommunikation nutzt, hat in der Regel einen Redaktionsplan in petto, um Inhalte und Ziele im Überblick zu behalten. Er sollte jeweils folgende Tweet-Aspekte benennen:

- Thema
- Inhalt (Text, Bild, etc.)
- Wann wird veröffentlicht
- Link (eigene Webseite, etc.)

Twitter ist übrigens auch eine Suchmaschine. Der Einsatz von Hashtags macht sich unter dem Aspekt der Suchbegriffe häufig bezahlt. Inhalte werden somit kategorisiert. Die Sichtbarkeit eines Tweets kann wesentlich von der Nutzung eines beziehungsweise der richtigen Hashtags abhängen. So werden Hashtags meist eingesetzt:

1. Etablierte Hashtags, die oft genutzt werden sind ein guter Aufhänger.

2. Nicht übertreiben: Mehr als zwei Schlagworte pro Tweet sind eher kontraproduktiv.

3. Kurze und aussagekräftige Hashtags machen das Rennen.

Am erfolgreichsten ist folgender Mix: Circa ein Viertel eigener Content, zu ein Viertel Antworten auf andere Tweets – etwa 30 Prozent Retweets und an die 20 Prozent fremder Content, wie zum Beispiel Links zu Webseiten etc. Wer retweetet, hat bessere Karten im Werbemeer: Retweets haben den Vorteil, dass sie ins Auge fallen, viel mehr als „nur" ein Herz (beim faven). Firmen analysieren auf Twitter Ihre Tweet(erfolge).

- Wie viele Tweets wurden in der Woche veröffentlicht?
- Impressions: Wie oft wurden die Firmen-Tweets von den Followern wahrgenommen?
- Wie viele Menschen haben das Profil besucht?
- Wie oft wurden die Tweets oder die Firma woanders erwähnt?
- Wie viele Follower? (Vor allem in Relation zu der Anzahl, die der Firmenaccount folgt.)
- Was ist der Top-Tweet mit den meisten Impressions? (Entsprechend: Top-Erwähnung und Top-Follower)

Problematisch ist der Datenschutz. Die Nettiquette und das Wissen um die Veröffentlichung von bestimmten Daten (Auswahl, Check, lieber zwei mal fragen) ist daher oberste Pflicht.

Rechtlich gesehen muss der Foren-Anbieter haften, wenn etwas schief läuft. Aber, der Einzelnutzer ist damit nicht aus der Pflicht. Privatsphäre-Einstellungen und der sensible Umgang mit den eigenen Daten und denen anderer ist eine der wichtigsten Aufgaben der Gegenwart und Zukunft.

Affiliate-Marketing

Affiliate-Marketing meint, ich verkaufe für dich: Ein Provisionsmodell, ein Partnerprogramm, bei dem die Vermittlung von Kunden vergütet wird. Es ist erfolgsabhängig und kann direkt zwischen Händler und Vermittler oder noch über eine Seite laufen, die beide erst zusammenbringt.

Der Händler (Advertiser, Merchants) bietet etwas an, der Partner (Publisher, Affiliates) verbreitet dieses Angebot in seinen Kanälen und bekommt Provision, sobald jemand darüber kauft. Verschiedene Provisionsmodelle sind gängig: Pay per Lead (Pro Kontaktaufnahme mit dem Kunden wird bezahlt), Pay per SignUp (ähnlich wie Pay per Lead), Pay per Sale (Pro Verkauf wird gezahlt).

Oft mischen erfolgreiche Affiliate-Systeme unterschiedliche Dinge: zum Teil werden auch „Klick-Kampagnen" integriert. Prinzipiell muss Anbieter und Vertrieb immer zum Angebot und Niveau des Produktes passen, Gegner schwören dagegen darauf, Strukturen aufzubrechen und ganz neue Zielgruppen somit zu erreichen.

Videomarketing

Videomarketing kommuniziert Inhalte audiovisuell. Marken, Produktneuheiten, Imagetransfer – die multimediale Ansprache wird vor allem bei jungen Zielgruppen oft eingesetzt. Allerdings häufig in Form von Kurzvideos, da die Aufmerksamkeit im Netz stetig sinkt; die Zeit, in der etwas „rübergebracht" werden kann, ist inzwischen auf wenige Minuten begrenzt. Harte Schnitte, schnelle Wechsel, rasche Blenden; der Trend geht zur Geschwindigkeit.

Auch Anleitungen und Produkttests werden zunehmend mittels Video kommuniziert. Hohe Reichweiten, gute Trefferquote, relativ preiswerte Werbeplatzierung. Ein professionell produziertes Video ist nicht unbedingt billig, aber kann sich vielfach rentieren und aufgrund der raschen Entwicklung der Technik zum Teil auch schon inhouse produziert werden, wenn die Mindestqualitätsanforderungen eingehalten werden und die Tonality passt.

Bewegtbilder werden gern vor allem von jungen Usern konsumiert, auch über entsprechende Plattformen wie Youtube oder Vimeo, emotionalisieren und erhöhen im Durchschnitt die Verweildauer um ein Vielfaches. Das Monitoring ermöglicht die Werbeerfolgskontrolle. Geworben werden kann theoretisch über Untertitel, vorgeschaltete Spots, Infokarten und vieles mehr. Kennzahlen sind Videoaufrufe, Verweildauer, Suchbegriffe, Länder, Browserformate, etc. User können kommentieren, auf Links klicken, voten, usw.

Mobile Marketing

Mobile Marketing bezieht sich auf mobile Endgeräte aller Art. Immer genauere Abstimmungen der Angebote auf Kundengruppen machen immer klügere Werbeschaltungen möglich. Vor allem aber möchten viele Firmen ihre Marktpräsenz über das Mobile Marketing ausbauen. Kostenfreie Apps („Mini-Anwendungen") sollen auf den Handys installiert und weiterempfohlen werden, über Logoplatzierungen, Werbeeinblendungen oder Up-Sells (Zusatzverkäufe) soll dann die Werbebotschaft kommuniziert werden.

Die Kunden-Kommunikation ist meist per Push- oder Pull-Konzeption kreiert, Video- oder lokale Ansprachen sollen die Kunden motivierten, weiter zu spielen / shoppen / empfehlen.

Couponing

Per Coupon sollen neue Kunden gewonnen, bestehende gebunden und verlorene wiedergewonnen werden.

E-Couponing ist inzwischen sehr weit verbreitet. Es lockt mit Nachlässen, Zugaben, Vorteilen und belohnt Weiterempfehlungen, Treuekunden oder Vielkäufer.

Regeln in Deutschland
- Gesetz gegen den unlauteren Wettbewerb (UWG)
- Gesetz gegen Wettbewerbsbeschränkungen (GWB)
- Preisangabenverordnung (PangV)
- Handelsgesetzbuch/Grundsätze ordnungsgemäßer Buchführung (HGB/GOB)
- Bundesdatenschutzgesetz (BDSG)
- Teledienstedatenschutzgesetz (TDDSG)

Bestimmte Produkt-Bereiche, wie Pharmazeutika, müssen weitere Vorgaben beachten.

Der Mix von Print und E-Coupons wird häufig dort gewählt, wo es eine breite, heterogene Zielgruppe zu erreichen gilt. Nach der Planung und Umsetzung wird natürlich auch der

Rücklauf gemessen, um zu sehen, wie erfolgreich diese Aktion (im Gegensatz zu anderen) war.

Manche Coupon-Portale bieten eine Vielzahl an Coupons an, vor allem betreff Direkt-Abverkauf, meist werden Rabatt-Coupons genutzt, aber auch Bundling-Coupons (Zugaben) und mobile Coupons.

Firmenziele

Performance, Leistung, das ist das Ziel jeder Werbekampagne, online oder offline … Messbare Werbewirkung, Nutzer-Verhalten, Langzeitwirkungen, qualifizierte Besucher, sprich interessierte zu gewinnen, das versuchen die Agenturen über Online-Marketing. Kunden zu binden, User zu begeistern, zu motivieren; die Definition der Rentabilität hängt dabei vom vorher festgelegten Werbeziel ab:

- Steht die Erstkaufrate (Zahl der Erstverwender eines Produktes) im Mittelpunkt?
- Soll der Bekanntheitsgrad gesteigert werden? Um wieviel Prozent?
- Wie viele (relevante) Personen hat das Medium / Diese Kampagne erreicht? In welchem Zeitraum? Und warum?
- Wie häufig soll diese Werbemaßnahme wiederholt werden?
- In wieweit wurde der User emotional angesprochen? Woran wird er sich in Zukunft erinnern, wenn überhaupt? Wie lange?

Die Werbeeffizienz wird durch Informationsgewinnung, kompetente Analyse und entsprechende Auswertung bestimmt. Traffic-Analysen, Statistiken und Shop-Beobachtungen behalten quantitative und zum Teil qualitative Aspekte im Blick.

Die Verkaufsabschlüsse oder gewonnenen Kundendaten müssen in einem Verhältnis zu den Aufwendungen stehen, die das weitere Vorgehen nach den bestehenden Konzepten rechtfertigen.

Allein die Besucheranzahl auf der Webseite sagt (zu) wenig aus. Deshalb bedeutet Online-Marketing nicht allein Traffic erhöhen, sondern geht erst weiter bzw. los, wenn der User dort ist, wo man ihn haben wollte. Dann muss er informiert, überzeugt und zum Handeln motiviert werden. Geduld, Inhalt, verschiedene (Zeit-)Ebenen, Individualisierung und das Einsetzen bewährter Trigger helfen, aus dem Besucher einen Käufer zu machen.

Online ist nicht alles - Einzelhändler und Online-Werbung?

Ja, Kunden wollen Nähe – am liebsten vor Ort. Große Online-Firmen investieren wieder auch in Offline-Stores.

Immer mehr – große – Einzelhandelsketten investieren in die moderne Technik. Sicher nicht verkehrt, doch sollte bei allem Wunsch zur Modernisierung die Zielgruppe nicht außer Acht gelassen werden. Was wollen sie? Was ist ihnen wirklich wichtig?

Spannendes Ergebnis: Statt neuer Technologien, um die Interaktion mit den Kunden noch besser zu machen, etwa durch Apps oder in die Möglichkeit noch kürzerer Lieferzeiten (wobei den meisten Kunden zwei Tage durchaus reichte), ist den Kunden Nähe im Laden viel wichtiger. 90 Prozent des (Einzelhandel) Verkaufs findet immer noch in der Filiale statt. Mitarbeiterschulung und –motivation, das Interieur und Angebot des Ladens, Kundenbindung vor Ort und Akquise durch Aktionen … das sind Aspekte, die viele Merketer vernachlässigen und unterschätzen.

FAZIT

Online-Werbung ist ein wichtiger Baustein, aber: Es kommt im Einzelhandel beim B2C Kontakt immer noch auf den Menschen vor Ort an. Die richtige Mischung ist erfolgsversprechend. Denn in der Filiale zieht der Kunden den Menschen der Technik vor.

Besonders wichtig angesichts steigender Werbebudgets: Über die Hälfte der Unternehmer wissen nicht, wie sie genau die Rentabilität ihrer Investitionen in Technik und co. messen können. Also besser erst informieren, schulen, einarbeiten, auswählen und vorerst auf einige wenige Technik-Gimmicks / Post-Kanäle konzentrieren.

„Vertrauen ist gut, Kontrolle ist besser."

Der Kunde will Kontakt

Zuverlässigkeit, Beratung, Vertrauen, Freundlichkeit – all das sind auch heute keine leeren Phrasen im Einzelhandel, sondern Kundenwünsche … da bildet Online-Werbung keine Ausnahme. Auch was Social Media angeht, ist nicht alles für jedes Unternehmen passend. Hier gehen Kunden- und Händlervorstellungen auseinander: Viele Ladenkunden haben gar keinen Kontakt zum Einzelhändler in den sozialen Medien

– sie gehen direkt in das Geschäft vor Ort. Außer: Es geht um Rabattaktionen. Das kann dann z. B. wieder als Schnittstelle zwischen analogem und digitalem Shopping fungieren. Wenn der Kunde mitmacht.

Inbound-Marketing

Inbound-Marketing meint im Gegensatz zum Outbound-Marketing, dass die Kunden die Seite findet, statt dass die Werbenden zu ihnen kommen. Sprich, es werden nicht Anzeigen und E-mail Adressen gekauft, um künstlich Leads zu generieren, sondern der User findet die Seite quasi „von allein" aufgrund von:

- Content
- relevanten Artikeln / Bildern / Grafiken
- Empfehlungen.

Viele Experten sehen darin die effektivste Marketingmethode für Online-Geschäfte – gerade auf einem stetig voller werdenden Markt. Der Anbieter tut einiges, um den User zu binden, zu interessieren, bei der Stange zu halten - und zwar durch Unterhaltsames und Nützliches:

- echte Mehrwerte
- nützliche Informationen
- aktuelle Branchenartikel
- und das zielgenaue Hinführen zu den Produkten, die sie interessieren

So entsteht Inbound-Traffic. Die Königsdisziplin ist Bloggen. Es folgt Social Media, Keywordoptimierung - wobei letztere mit den beiden voran gegangenen ohnehin eine Symbiose eingegangen sein sollte, um nachhaltig zu wirken.

Guided Selling, das geführte Shopping, ist auf dem Vormarsch Wer die Interessenten auf der Seite hat, muss diese überzeugen (wiederzukommen). Oder aber er sichert sich die Daten (freiwillig natürlich) oder aber macht ihn gleich zum Kursteilnehmer, Käufer, Abonnenten.

„Echte" Leads generieren, verwandeln, Bindung stärken oder gleich zum Käufer machen. Je nach Produkt, Aktion, Zielgruppe den Sack zu machen: Daten, Kaufabschluss oder Weiterempfehlung ...

Die Kunden sollen zum Wiederkommen animiert werden. Und zwar aus Überzeugung. Weil diese Seite etwas liefert, das die Interessenten/ Kunden lesen wollen. Und weil es originell, hilfreich finden, weiterschicken, etc.

Instrumente:
- Landingpage / Webseite
- Blog / Social Media Account
- Keywordmarketing
- call-to-action Elemente, die konkret zu etwas auffordern.

Zeitpunkt

Content

Platzierung

Schnittmenge = Ziel

Als Faustregel gilt gemeinhin:
- Spannende relevante Inhalte
- am richtigen Ort die Inhalte posten - Platzierung
- und das zur richtigen Zeit - Zeitpunkt wählen.

> **MERKE**
> Manche gliedern die vier Stationen folgendermaßen:
> - Attract (Interesse)
> - Convert (Interessierte binden)
> - Close (Verkaufen)
> - Delight (begeistern (wiederzukommen))

Kundengewinnung und Kundenbindung durch CMR usw. ist ein erklärtes Ziele des Inbound-Marketing. Landingpage-Konzeption, E-Mail Segmentierung und Automatisierung, Lead-Scoring und das Aufsetzen und Nutzen ausgesuchter Formularfunktionen, um den User am Verlassen der Seite zu hindern bzw. eine Möglichkeit zu bekommen, ihn erneut kontaktieren zu können, sind Aktionen, die ganz neue Berufsfelder im Marketing schaffen.

Wichtige Teilbereiche sind u. a.
- Content-Erstellung,
- Phasen-Marketing (in welcher Phase befindet sich der Kunde / Interessent gerade?),
- Personalisierung,
- Multi-Chanel,
- Integriertes Marketing (Alle Kampagnen, Tools und Contents greifen inhaltlich, zeitlich und ggf. örtlich abgestimmt ineinander und verstärken / bedingen einander.)

Langfristig kann Inbound-Marketing durchaus kostengünstig sein, anfangs fallen diverse Ausgaben für die technischen, kreativen und personellen Aufwendungen an. Die Conversionsrate ist ein konkreter Maßstab für die Prüfung des Erfolgs der Maßnahmen.

GRUNDLAGEN DES MARKETING
BARBARA SCHILLING

„Dieses Buch vereint anschaulich die Marketing-Grundlagen aus Theorie und Praxis und ist sowohl für Marketingfachleute in der Ausbildung als auch in der Arbeitswelt geeignet. Aus dem Inhalt: Markt und Wettbewerb, Marketing-Mix, Werbelehre, Planung, Konzeption, Kommunikationspsychologie, Multi- und Social-Media, Gestaltung, Research, Nachhaltigkeit.
In der dritten Auflage mit Online-Teil befinden sich zusätzlich Kontrollfragen und -antworten zum Gelesenen - als Selbsttest im Anhang."
ISBN 978-3839166468

WWW.MARKETING-MUSE.DE

MEIN BUCH - MEIN ERFOLG
BUCHMARKETING IN 6 WOCHEN
BARBARA SCHILLING

Im vorliegenden Buch zeigt die Autorin und Marketing-Fachfrau, wie man in sechs Wochen die Grundlage für eine erfolgreiche Buchvermarktung schafft, um auch in Zukunft optimal darauf aufbauen zu können. ISBN 978-3741288708

WWW.ANGENEHME-VORSTELLUNG.DE